IMPRIM'VERT

MIXTE
Papier issu de sources responsables
FSC® C022030
FSC
www.fsc.org

Loi n°49-956 du 16 juillet 1949 sur les publications destinées
à la jeunesse, modifiée par la loi n°2011-525 du 17 mai 2011.

ISBN : 978-2-09-256422-6
Achevé d'imprimer en décembre 2018 par Pollina, Luçon, France - 87326
N° d'éditeur : 10251274 - Dépôt légal : février 2016

QUESTIONS RÉPONSES ! 5+

Le judo

Texte de **Jean-Michel Billioud**
Illustrations de **Julien Castanié**

Nathan

Une tenue adaptée

Que l'on soit ceinture blanche ou noire, avant les entraînements ou le combat, la première étape est toujours le vestiaire.

À quel âge commence-t-on le judo ?

On peut faire ses premiers pas à partir de 4 ans avec des exercices très simples. Mais les vraies compétitions commencent vers 10 ans !

Comment s'habillent les judokas ?

Ils portent un judogi blanc, composé d'un pantalon et d'une veste en toile. En signe de respect pour ses adversaires et le public, il doit être propre et non froissé. On l'appelle souvent « kimono ».

Pourquoi y a-t-il des ceintures de couleurs différentes ?

La couleur indique le niveau du judoka. On peut changer de ceinture en passant un *kata* : c'est une démonstration devant un professeur ou un jury.

Comment attache-t-on la ceinture ?

Elle doit être enroulée deux fois autour de la taille pour bien fermer le judogi. Ce n'est pas facile au début et il faut se faire aider par un judoka plus grand.

Les ceintures

- Ceinture blanche
- Ceinture jaune
- Ceinture orange
- Ceinture verte
- Ceinture bleue
- Ceinture marron
- Ceinture noire

C'est quoi, des zōris ?

Des sandales fabriquées avec de la paille de riz. Elles servent à aller du vestiaire jusqu'au tatami. Les judokas portent aussi des chaussons ou des tongs.

Bienvenue au dojo

Le judo est un sport qui se pratique dans un lieu bien précis : le dojo. Les judokas y retrouvent leur professeur et leurs copains.

Qui a inventé le judo ?

C'est le Japonais Jigorō Kanō. Petit et fragile, il voulait trouver une manière d'utiliser la force de son adversaire pour se défendre. Il a mis au point le judo dont le nom signifie « la voie de la souplesse ».

Que veut dire « dojo » ?

Dans ce mot japonais, on retrouve le « do » de judo, qui signifie la voie : le dojo, c'est le lieu où on cherche la voie !

Où apprend-on le judo ?

Dans un club. Il y en a plus de 5 000 en France, donc forcément un près de chez toi.

Combien mesure un tatami ?

En général, il fait 1 mètre sur 2 : on en juxtapose plusieurs pour recouvrir toute la surface du dojo.

C'est quoi, le tatami ?

C'est un tapis qui sert à amortir les chutes. À l'origine il était en paille de riz. Aujourd'hui il est le plus souvent en mousse.

Les premiers pas

Le judo est un art martial. Il obéit à de nombreuses règles très strictes que les judokas doivent apprendre pour savoir bien le pratiquer.

Comment ces enfants sont-ils assis ?

Au début du cours, ils se tiennent sur leurs genoux, en face de leur professeur. Et ils s'inclinent tous ensemble. Avant, ils ont aussi salué le dojo en entrant, puis le tatami.

Pourquoi les ceintures blanches sont côte à côte ?

Les élèves sont assis en ligne dans un ordre bien défini. Quand le professeur les regarde, les plus gradés doivent être à gauche et les moins gradés à droite.

Qu'enseigne le professeur ?

Le judo est bien plus qu'un sport, c'est une façon de bien se comporter dans la vie : on y apprend la politesse, le courage, l'amitié et le respect.

C'est quoi, un art martial ?

C'est une discipline qui apprend à combattre, mais surtout à se maîtriser. Certains arts martiaux comme le judo ou le karaté se pratiquent à mains nues, d'autres avec une arme, comme le kendo.

Pourquoi est-on pieds nus ?

Parce que c'est une tradition japonaise et on évite ainsi de blesser son adversaire. Avant le début du cours, les judokas rangent leurs sandales le long du tatami.

L'échauffement

Avant de s'affronter, tous les judokas, qu'ils soient débutants ou champions olympiques, doivent faire des exercices pour être en bonne condition physique.

Que fait-on pour s'échauffer ?

Certains courent autour du tatami, d'autres font des roulades et s'entraînent à tomber plusieurs fois vers l'avant, l'arrière et le côté.

Peut-on s'échauffer tout seul ?

Oui, mais c'est plus amusant de s'entraîner avec un copain. On peut faire la brouette en tenant les tibias ou les genoux.

Pourquoi faut-il s'échauffer ?

L'échauffement est indispensable pour préparer son corps. Si on ne le fait pas, on risque de se blesser.

Peut-on se faire mal ?

C'est très rare que les enfants se blessent car on apprend à bien maîtriser ses mouvements et retenir les chutes.

Comment apprend-on à tomber ?

Pour amortir la chute, il faut frapper le tatami avec ses mains, et pour éviter de se blesser, il faut arrondir le dos et rentrer la tête dans les épaules. Il est essentiel de savoir bien tomber.

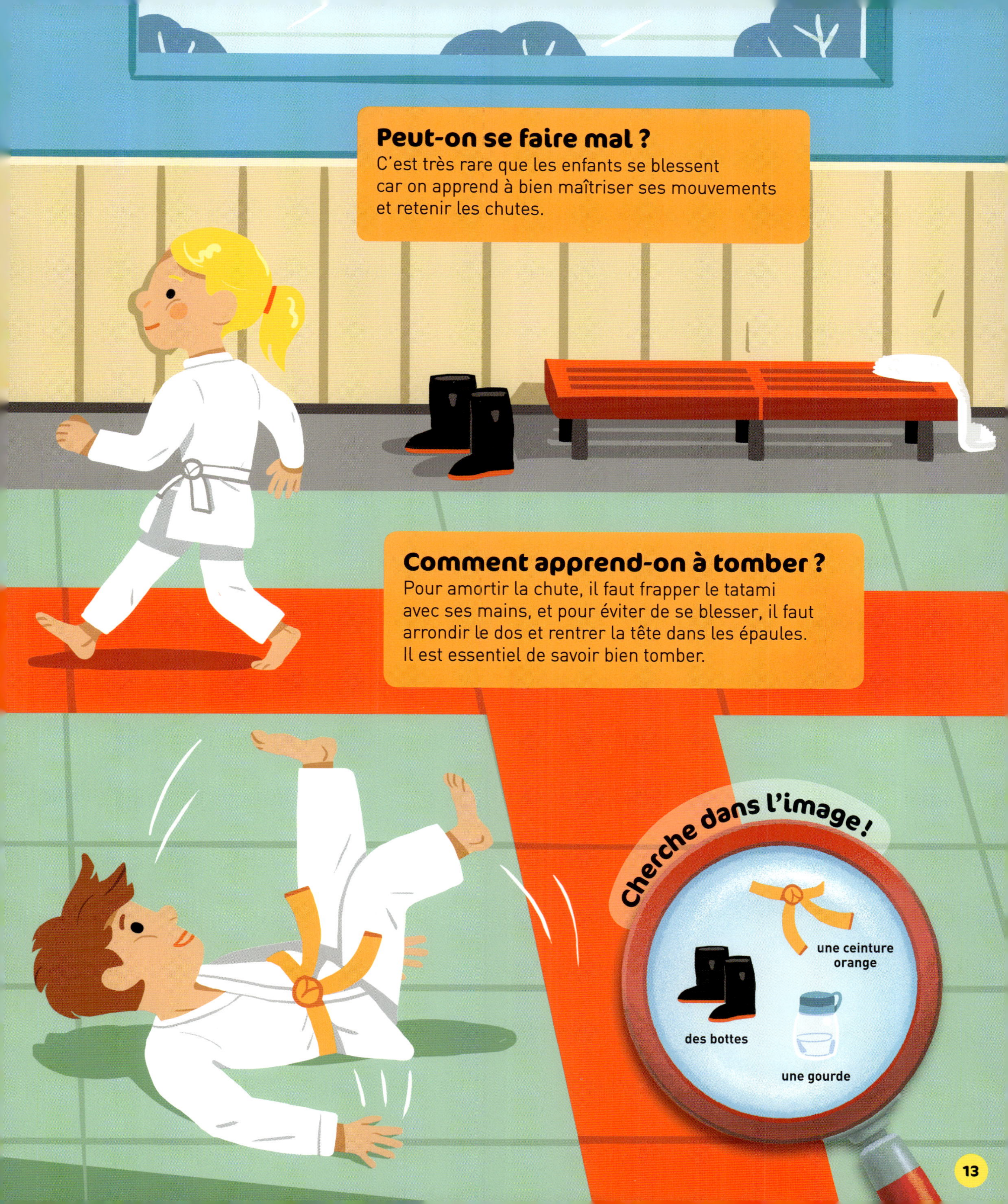

S’entraîner

Il faut répéter les techniques pour bien les maîtriser. C’est important car on ne marque des points que si les prises sont bien réalisées.

Qui commence par attaquer ?

Chacun des judokas, à tour de rôle : celui qui attaque est appelé *tori* et celui qui doit répondre à l’attaque est appelé *uke*.

C’est quoi, un « o-soto-gari » ?

C’est une prise qui consiste à faire tomber son adversaire en le fauchant avec sa jambe, comme un grand croche-patte.

Que veut dire « hajime » ?

En japonais, cela signifie « commencez » : lorsque le professeur tend les bras le long du corps et dit « *hajime* », c’est le début du combat.

Pourquoi le professeur tend-il le bras ?

Par ce geste, il signifie la fin du combat : en même temps, il dit « *matte* » qui signifie « arrêtez ».

Combien y a-t-il de prises ?

Environ une centaine. Chacune a un nom japonais : par exemple, on appelle les techniques d'immobilisation *osaekomi-waza.*

Combat au sol

Une fois qu'on a chuté, le combat se poursuit avec des techniques particulières au sol. Le but est d'immobiliser son adversaire assez longtemps pour obtenir la victoire !

Pourquoi ces judokas ne bougent-ils plus ?

Pour gagner, il faut immobiliser son adversaire les deux épaules collées au sol pendant plusieurs secondes.

Quels sont les gestes interdits ?

Il y en a beaucoup, comme les coups de pied et coups de poing. On ne peut pas non plus mettre son pied ou sa main sur le visage de son adversaire, ni le mordre, sinon on est pénalisé, voire éliminé.

Les filles et les garçons combattent-ils ensemble ?

Pendant les entraînements, ils participent parfois aux mêmes exercices, mais ils sont séparés pour les compétitions.

Que signifie « maitta » ?

« J'abandonne » : il faut taper le sol 2 fois avec la main pour mettre fin au combat. Cela peut arriver si l'un des judokas a mal lors d'une prise d'étranglement par exemple.

A-t-on le droit d'étrangler son adversaire ?

Il existe de nombreuses prises d'étranglement en utilisant ses bras, ses mains ou ses jambes. On les apprend quand on est assez grand pour que ce ne soit pas dangereux.

Le début de la compétition

À partir de l'âge de 10 ans environ, on peut commencer la compétition : c'est l'occasion de rencontrer des judokas d'autres clubs !

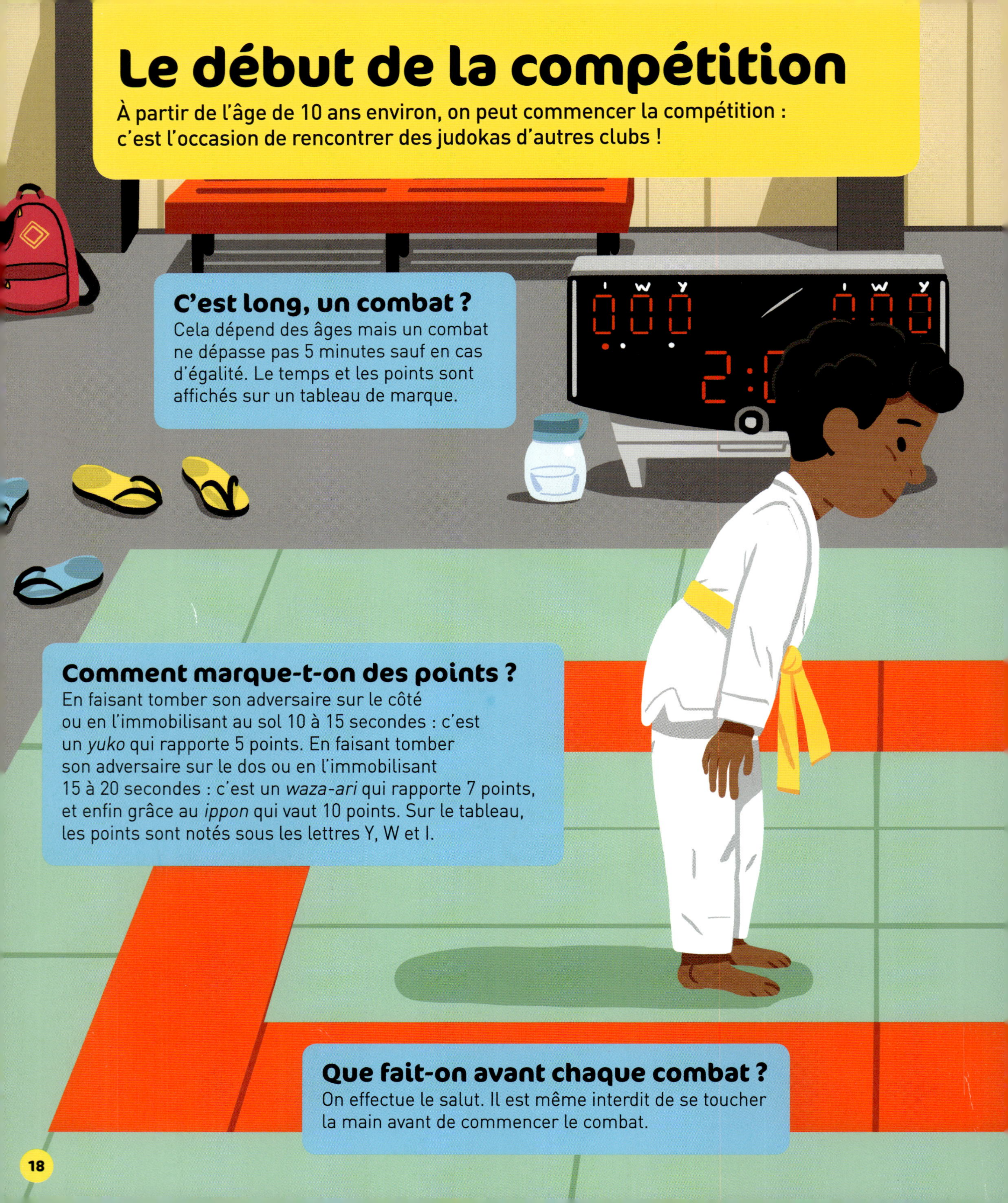

C'est long, un combat ?

Cela dépend des âges mais un combat ne dépasse pas 5 minutes sauf en cas d'égalité. Le temps et les points sont affichés sur un tableau de marque.

Comment marque-t-on des points ?

En faisant tomber son adversaire sur le côté ou en l'immobilisant au sol 10 à 15 secondes : c'est un *yuko* qui rapporte 5 points. En faisant tomber son adversaire sur le dos ou en l'immobilisant 15 à 20 secondes : c'est un *waza-ari* qui rapporte 7 points, et enfin grâce au *ippon* qui vaut 10 points. Sur le tableau, les points sont notés sous les lettres Y, W et I.

Que fait-on avant chaque combat ?

On effectue le salut. Il est même interdit de se toucher la main avant de commencer le combat.

Pourquoi ne doit-on pas porter de bijoux ?

Parce que c'est dangereux : on pourrait blesser son adversaire. On n'a pas le droit non plus de mettre des gants ou des chaussettes. Et il faut être bien propre !

Contre qui combat-on ?

Les enfants combattent par catégories d'âges, des mini-poussins (6-7 ans) aux juniors (16-18 ans). Les adultes combattent par catégories de poids.

C'est parti !

Les deux judokas cherchent à avoir la meilleure prise au début du combat. C'est important de bien commencer !

Pourquoi faut-il bien attraper la veste de son adversaire ?

Pour avoir une bonne prise : c'est un avantage important. On peut l'attraper de différentes façons. Selon la saisie que l'on choisit, on peut faire des attaques différentes.

Peut-on pousser son adversaire ?

Non ! Quand on fait tomber son adversaire, il faut bien le retenir par la veste pour qu'il ne se fasse pas mal en chutant. On n'a surtout pas le droit de mettre en danger d'autres judokas !

Comment faire « ippon » ?

En réussissant une projection parfaite sur le dos avec vitesse, force et contrôle ou en maintenant son adversaire au sol pendant 20 secondes.

À quoi sert la ligne rouge ?

Elle délimite la zone de combat. Quand les combattants franchissent la ligne rouge et vont dans la zone de sécurité, l'arbitre leur demande de revenir au centre.

Quelle est la meilleure tactique ?

Pour battre son adversaire, un judoka a deux possibilités : soit il « attaque » et impose sa technique, soit il s'adapte et réagit aux attaques de son adversaire.

Le rôle de l'arbitre

Les judokas participent à de nombreuses compétitions. C'est l'arbitre qui veille à ce que tout se passe bien sur le tatami. Ses décisions peuvent faire basculer un combat dans un sens ou un autre.

Comment gagne-t-on un combat ?

En faisant un *ippon* on obtient la victoire immédiate. Si aucun des judokas n'a réussi un *ippon*, c'est celui qui a cumulé le plus de points qui est déclaré vainqueur.

Que font les juges ?

Assis chacun à un coin du tatami, ces 2 juges aident l'arbitre qui se trouve sur la surface de combat. Ils sont très utiles car l'arbitre ne peut pas tout voir !

À quel âge peut-on devenir arbitre ?

L'arbitrage peut être pratiqué par tous, à partir de l'âge de 11-12 ans. Parfois de grands champions deviennent arbitres à la fin de leur carrière de judoka.

Quel est le rôle de l'arbitre ?

C'est lui qui annonce le début du combat. Ensuite, il accorde des points ou des sanctions et explique ses décisions en faisant des gestes très codifiés.

Pourquoi l'arbitre fait-il des moulinets ?

Parce que l'un des combattants n'a pas attaqué depuis trop longtemps. Le judoka qui fait preuve de non-combativité est sanctionné.

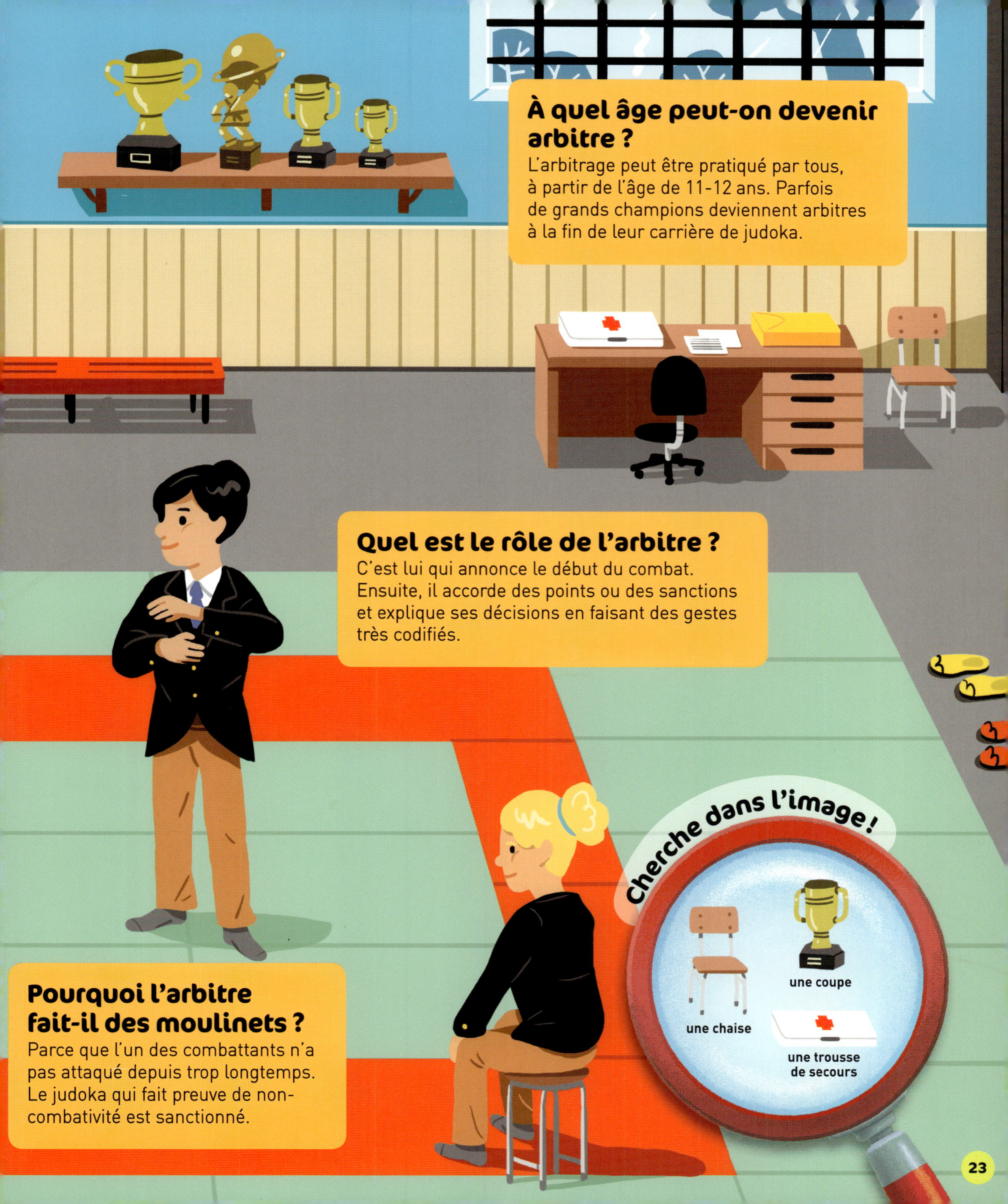

Les jeux Olympiques

Tous les 4 ans a lieu la plus grande compétition de judo : on y retrouve les meilleurs combattants du monde.

D'où viennent tous ces judokas ?

Du monde entier, mais il y a beaucoup de judokas japonais et français. Ce sont eux qui gagnent le plus de médailles d'or, surtout dans les catégories des poids lourds.

Pourquoi ont-ils tous une ceinture noire ?

Parce qu'il n'y a que des judokas expérimentés : ce sont des champions, les meilleurs de chaque pays.

Pourquoi les spectateurs ont-ils des drapeaux ?

Ils encouragent les judokas de leur pays. Sur le tatami, les combattants sont motivés par cette présence : cela leur donne du courage.

Les champions se connaissent-ils ?

Bien sûr ! Ils ont l'habitude de se retrouver lors des grandes compétitions comme les championnats du monde et les jeux Olympiques.

Combien de combats doit remporter le vainqueur des jeux Olympiques ?

Les hommes comme les femmes doivent remporter 5 ou 6 combats. Le perdant est éliminé directement. Le vainqueur est qualifié pour le combat suivant.

Médaille d'or

La finale est un combat à ne pas perdre ! Avec une seule prise réussie, on peut monter sur la plus haute marche du podium.

Pourquoi l'un des judokas est-il en bleu ?

Le blanc est la couleur traditionnelle des judogis. Mais en compétition, pour bien distinguer les adversaires, l'un des deux porte un judogi bleu.

Que va gagner le judoka en blanc ?

La médaille d'or : c'est la plus belle des récompenses olympiques. L'autre se consolera avec la médaille d'argent.

Depuis quand le judo est-il un sport olympique ?

Chez les hommes, le judo est apparu aux jeux de Tokyo en 1964. Chez les femmes, il est apparu en 1992 aux jeux de Barcelone.

Peut-on rencontrer ces champions ?

On peut aller les voir s'entraîner dans leur club ou assister à des compétitions nationales.

Cherche dans l'image !

un podium

une casquette

un casque

Le sais-tu ?

Un art martial avec des armes, ça existe ?

Oui. Au kendo, les deux combattants sont revêtus de protections et cherchent à frapper leur adversaire au moyen d'un sabre de bambou manié à deux mains.

Il y a beaucoup d'arts martiaux ?

Énormément. Ces techniques d'attaque et de défense proviennent principalement de Chine et du Japon comme le karaté, l'aïkido ou le kung-fu. Mais pas toujours ! La savate est née en France et la capoeira vient du Brésil !

Quel est le judoka le plus fort du monde ?

Le Japonais Tadahiro Nomura est le seul judoka triple champion olympique (1996, 2000 et 2004). Mais le Français Teddy Rinner va peut-être le dépasser : à 26 ans, il a déjà été huit fois champion du monde !

Chez les pratiquants d'art martiaux, qui sont les plus lourds ?

Ce sont les stars du sumo qui vivent au Japon. La moyenne de leur poids se situe autour de 140 kg mais certains *sumotori* peuvent dépasser 200 kg.

C'est quoi, la ceinture maîtresse ?

C'est la plus difficile à obtenir : seul Jigorō Kanō, le fondateur du judo, a reçu la ceinture blanche large appelée aussi « ceinture maîtresse ». Il ne l'a reçue qu'après sa mort, en hommage à son talent.

Dans quel pays pratique-t-on le plus le judo ?

C'est en France où il y a près de 600 000 licenciés, trois fois plus qu'au Japon. La très grande majorité de ces judokas ont moins de 15 ans ! Mais ce sont les Japonais qui ont gagné le plus de médailles dans l'histoire des jeux Olympiques.